A Alison McLean

LEO

Una guía para la mejor vida astrológica

STELLA ANDROMEDA

ILUSTRACIONES DE EVI O. STUDIO

cincotintas

I.

Conoce a Leo

II.

Leo en profundidad

III.

Quiero saber más

Introducción

En el pronaos del templo de Apolo en Delfos había una inscripción con la frase «Conócete a ti mismo». Se trata de una de las ciento cuarenta y siete máximas, o normas de conducta, de Delfos y se le atribuyen al propio Apolo. Más adelante, el filósofo Sócrates amplió la idea y afirmó que «una vida sin examen no merece ser vivida».

Las personas buscamos el modo de conocernos a nosotras mismas y de encontrar sentido a la vida e intentamos entender los retos que plantea la existencia humana; con frecuencia, recurrimos a la psicoterapia o a sistemas de creencias, como las religiones organizadas, que nos ayudan a entender mejor la relación que mantenemos con nosotros mismos y con los demás y nos ofrecen herramientas concretas para conseguirlo.

Si hablamos de los sistemas que intentan dar sentido a la naturaleza y a la experiencia humanas, la astrología tiene mucho que ofrecernos mediante el uso simbólico de las constelaciones celestes, las representaciones de los signos zodiacales, los planetas y sus efectos energéticos. A muchas personas les resulta útil acceder a esta información y aprovechar su potencial a la hora de pensar en cómo gestionar su vida de un modo más eficaz.

¿Qué es la astrología?

En términos sencillos, la astrología es el estudio y la interpretación de la influencia que los planetas pueden ejercer sobre nosotros y sobre el mundo en el que vivimos mediante el análisis de sus posiciones en un punto temporal concreto. La práctica de la astrología se basa en una combinación de conocimientos fácticos acerca de las características de esas posiciones y la interpretación psicológica de las mismas.

La astrología es más una herramienta para la vida que nos permite acceder a sabiduría antigua y consolidada que un sistema de creencias. Todos podemos aprender a usarla, aunque no tanto como herramienta para adivinar o ver el futuro, sino como una guía que nos ofrece un conocimiento más profundo y una manera más reflexiva de entender la vida. La dimensión temporal es clave en astrología y conocer las configuraciones planetarias y las relaciones entre ellas en puntos temporales concretos puede ayudarnos a decidir cuál es el momento óptimo para tomar algunas de las decisiones importantes en nuestra vida.

Saber cuándo es probable que ocurra un cambio significativo en nuestras vidas como consecuencia de configuraciones planetarias específicas, como el retorno de Saturno (p. 103) o la retrogradación de Mercurio (p. 104), o entender qué significa que Venus esté en nuestra séptima casa (pp. 85 y 98), además de conocer las características específicas de nuestro signo zodiacal, son algunas de las herramientas que podemos usar en nuestro beneficio. El conocimiento es poder y la astrología puede ser un complemento muy potente a la hora de enfrentarnos a los altibajos de la vida y a las relaciones que forjamos por el camino.

Los 12 signos zodiacales

Cada uno de los signos del Zodíaco tiene unas características que lo identifican y que comparten todas las personas que han nacido bajo él. El signo zodiacal es tu signo solar, que probablemente conoces, ya que acostumbra a ser el punto desde el que empezamos a explorar nuestros senderos astrológicos. Aunque las características del signo solar pueden aparecer de un modo muy marcado en la personalidad, solo ofrecen una imagen parcial de la persona.

La manera como nos mostramos ante los demás acostumbra a estar matizada por otros factores que merece la pena tener en cuenta. El signo ascendente también es muy importante, al igual que la ubicación de nuestra Luna. También podemos estudiar nuestro signo opuesto, para ver qué características necesita reforzar el signo solar para quedar más equilibrado.

Una vez te hayas familiarizado con tu signo solar en la primera parte del libro, puedes pasar al apartado Quiero saber más (pp. 74-105) para empezar a explorar las particularidades de tu carta astral y sumergirte más profundamente en la miríada de influencias astrológicas que pueden estar influyéndote.

Los signos solares

La tierra necesita 365 días (y cuarto, para ser exactos) para completar la órbita alrededor del Sol y, durante el trayecto, nos da la impresión de que cada mes el Sol recorre uno de los signos del Zodíaco. Por lo tanto, tu signo solar refleja el signo que el Sol estaba atravesando cuando naciste. Conocer tu signo solar, así como el de tus familiares, amigos y parejas, no es más que el primero de los conocimientos acerca del carácter y de la personalidad a los que puedes acceder con la ayuda de la astrología.

En la cúspide

Si tu cumpleaños cae una fecha próxima al final de un signo solar y al comienzo de otra, vale la pena saber a qué hora naciste. Astrológicamente, no podemos estar «en la cúspide» de un signo, porque cada uno de ellos empieza a una hora específica de un día determinado, que, eso sí, puede variar ligeramente de un año a otro. Si no estás seguro y quieres saber con exactitud cuál es tu signo solar, necesitarás conocer la fecha, la hora y el lugar de tu nacimiento. Una vez los sepas, puedes consultar a un astrólogo o introducir la información en un programa de astrología en línea (p. 108), para que te confeccione la carta astral más precisa que sea posible.

Aries

El carnero

✶

21 MARZO - 20 ABRIL

Astrológicamente, es el primer signo del Zodíaco y aparece junto al equinoccio vernal (o de primavera). Es un signo de fuego cardinal simbolizado por el carnero y el signo de los comienzos. Está regido por el planeta Marte, lo que representa dinamismo para enfrentarse a los retos con energía y creatividad. Su signo opuesto es el aéreo Libra.

Tauro

El toro

✶

21 ABRIL - 20 MAYO

Tauro, con los pies en la tierra, sensual y aficionado a los placeres carnales, es un signo de tierra fijo al que su planeta regente, Venus, ha concedido la gracia y el amor por la belleza a pesar de que su símbolo sea un toro. Acostumbra a caracterizarse por una manera de entender la vida relajada y sin complicaciones, si bien terca a veces, y su signo opuesto es el acuático Escorpio.

Géminis

Los gemelos

✱

20 MAYO – 20 JUNIO

Géminis es un signo de aire mutable simbolizado por los gemelos. Siempre intenta considerar las dos caras de un argumento y su ágil intelecto está influido por Mercurio, su planeta regente. Tiende a eludir el compromiso y es el epítome de una actitud juvenil. Su signo opuesto es el ardiente Sagitario.

Cáncer

El cangrejo

✱

21 JUNIO – 21 JULIO

Representado por el cangrejo y la tenacidad de sus pinzas, Cáncer es un signo de agua cardinal, emocional e intuitivo que protege su sensibilidad con una coraza. La maternal Luna es su regente y la concha también representa la seguridad del hogar, con el que está muy comprometido. Su signo opuesto es el terrestre Capricornio.

Virgo

La virgen

✱

22 AGOSTO - 21 SEPTIEMBRE

Virgo, representado tradicionalmente por una doncella o una virgen, es un signo de tierra mutable, orientado al detalle y con tendencia a la autonomía. Mercurio es su regente y lo dota de un intelecto agudo que puede llevarlo a la autocrítica. Acostumbra a cuidar mucho de su salud y su signo opuesto es el acuático Piscis.

Leo

El león

✱

22 JULIO - 21 AGOSTO

Leo, un signo de fuego fijo, está regido por el Sol y adora brillar. Es un idealista nato, positivo y generoso hasta el extremo. Representado por el león, Leo puede rugir orgulloso y mostrarse seguro de sí mismo y muy resuelto, con una gran fe y confianza en la humanidad. Su signo opuesto es el aéreo Acuario.

Escorpio

El escorpión

✱

22 OCTUBRE – 21 NOVIEMBRE

Como buen signo de agua fijo, Escorpio es dado a las emociones intensas y su símbolo es el escorpión, que lo vincula así al renacimiento que sigue a la muerte. Sus regentes son Plutón y Marte y se caracteriza por una espiritualidad intensa y emociones profundas. Necesita seguridad para materializar su fuerza y su signo opuesto es el terrestre Tauro.

Libra

La balanza

✱

22 SEPTIEMBRE – 21 OCTUBRE

Libra, un signo aéreo cardinal regido por Venus, es el signo de la belleza, del equilibrio (de ahí la balanza) y de la armonía en un mundo que idealiza y al que dota de romanticismo. Con su gran sentido de la estética, Libra puede ser artístico y artesanal, pero también le gusta ser justo y puede ser muy diplomático. Su signo opuesto es el ardiente Aries.

Sagitario

El arquero

✸

22 NOVIEMBRE – 21 DICIEMBRE

Representado por el arquero, Sagitario es un signo de fuego mutable que nos remite a los viajes y a la aventura, ya sea física o mental, y es muy directo. Regido por el benévolo Júpiter, Sagitario es optimista y rebosa de ideas. Le gusta la libertad y tiende a generalizar. Su signo opuesto es el aéreo Géminis.

Capricornio

La cabra

✸

22 DICIEMBRE – 20 ENERO

Capricornio, cuyo regente es Saturno, es un signo de tierra cardinal asociado al esfuerzo y representado por la cabra, de pisada firme pero a veces también juguetona. Es fiel y no rehúye el compromiso, aunque puede ser muy independiente. Tiene la disciplina necesaria para una vida laboral como autónomo y su signo opuesto es el acuático Cáncer.

Acuario

El aguador

✶

21 ENERO – 19 FEBRERO

A pesar de que estar simbolizado por un aguador, Acuario es un signo de aire fijo regido por el impredecible Urano, que arrasa con las ideas viejas y las sustituye por un pensamiento innovador. Tolerante, de mente abierta y humano, se caracteriza por la visión social y la conciencia moral. Su signo opuesto es el ardiente Leo.

Piscis

Los peces

✶

20 FEBRERO – 20 MARZO

Piscis tiene una gran capacidad para adaptarse a su entorno y es un signo de agua mutable representado por dos peces que nadan en direcciones opuestas. A veces confunde la fantasía con la realidad y, regido por Neptuno, su mundo es un lugar fluido, imaginativo y empático, en el que acostumbra a ser sensible a los estados de ánimo de los demás. Su signo opuesto es el terrestre Virgo.

Conoce a

I.

Leo

El signo que el Sol estaba recorriendo en el momento en el que naciste es el punto de partida clave a la hora de usar el Zodíaco para explorar tu carácter y tu personalidad.

TU SIGNO SOLAR

Signo de fuego fijo, simbolizado por el león.

Regido por el sol, la fuerza vital primaria del Zodíaco y símbolo del origen de todos nosotros.

SIGNO OPUESTO

Acuario

LEMA PERSONAL

«Yo lo haré.»

I.

Color

Los colores del sol en todo su esplendor, que iluminan el mundo de naranja y de oro regio (no podía ser de otro modo). Lleva ropa de estos colores y conecta con la energía de Leo cuando necesites un empujoncito psicológico o un extra de valor y, si no tienes ropa de estos colores, opta por incluirlo en los accesorios (zapatos, guantes, calcetines, sombrero o incluso ropa interior).

II.

Día

El domingo. En inglés es, literalmente, el día del sol, *Sunday*, nombre cuyo origen es el anglosajón antiguo *Sunnandæg* y que se convirtió en el día dedicado al Sol, el dador de vida y de luz, al que los griegos llamaron Helios y los romanos, Apolo.

III.

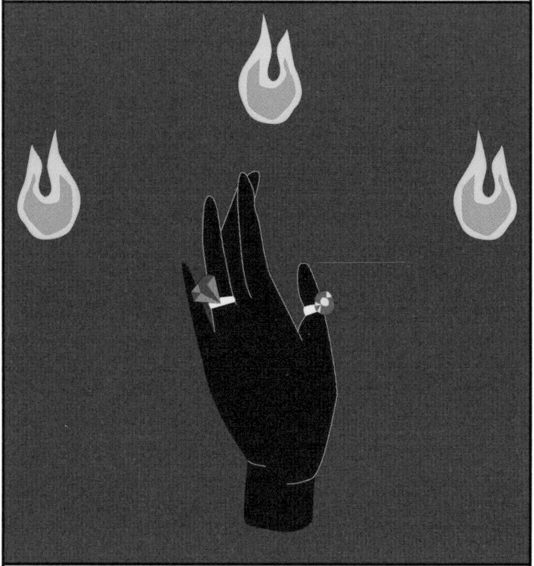

Piedra preciosa

El potente rubí rojo, al que se considera la gema de los monarcas, es la piedra preciosa de Leo. Se cree que tiene la capacidad de devolver la vitalidad y el vigor y que es un afrodisíaco potente. Simboliza el dinamismo de la vida y las intensas emociones que puede evocar.

IV.

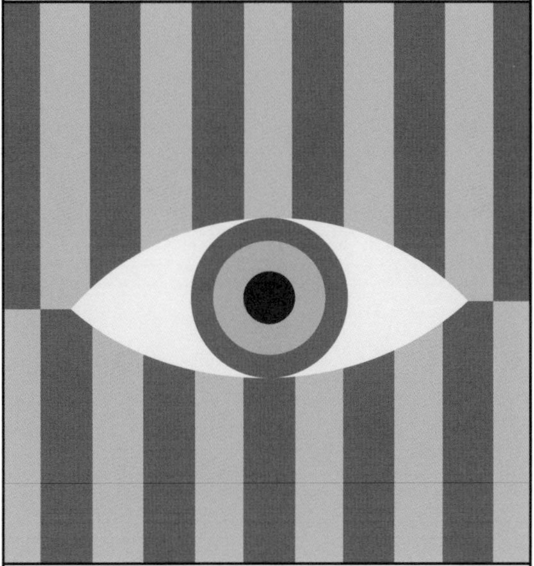

Ubicaciones

¿Dónde se siente como en casa el león? Podríamos decir que en cualquier lugar donde pueda ser el rey de la selva. De todos modos, los países donde Leo encaja mejor son Francia (el hogar de Luis XIV, el rey Sol), Italia y Rumanía. Entre las ciudades, destacan Bombay, Madrid, Roma y Bath.

V.

Vacaciones

Aunque adorar al sol es imprescindible en las vacaciones de Leo, este signo tiene un espíritu aventurero y eso significa que también necesita estimulación intelectual y, probablemente, lujo, por lo que unas vacaciones en la playa sin más no siempre serán suficientes. Roma, Praga y Hollywood cumplen todos los requisitos. Por supuesto, Leo volará en primera clase.

VI.

Flores

La flor de Leo es el girasol, que representa el rostro dorado del Sol. En la mitología clásica, la ninfa Clitia se transformó en girasol después de haberse pasado la vida admirando a Helios, el dios del Sol, en un desdichado amor no correspondido. El nombre de la flor significa, literalmente, 'inclinarse en dirección al Sol'.

VII.

Árboles

Los árboles cítricos, que nos ofrecen apreciados y anhelados «frutos dorados», como el limón y la naranja, se asocian a este signo regido por el Sol. En la mitología griega y romana, los cítricos fueron la dote de Hera (Juno) cuando se casó con Zeus (Júpiter).

VIII.

Mascotas

Todos los felinos. Desde el gato persa con pedigrí y el arrogante siamés hasta el romano doméstico, pasando por las carey tricolor, Leo ha de tener gato. Se trata de una mascota con la proporción ideal de independencia y ganas de juego, y el antiguo adagio «un gato puede mirar a los ojos a un rey» resume la relación que existe entre un gato y su amo Leo.

IX.

Fiestas

A Leo le gusta cualquier fiesta en la que lo traten como a un rey. Le gusta hacer una entrada triunfal y pavonearse hasta llegar a la pista de baile, donde se moverá como un profesional. Se comportará como si fuera el anfitrión, aunque no sea así. Su innato amor por la vida lo convierte en un huésped siempre bienvenido y no es raro que se presente con una caja de botellas de vino o mágnums de champán, para garantizar que la fiesta sea alegre y divertida.

Las características de Leo

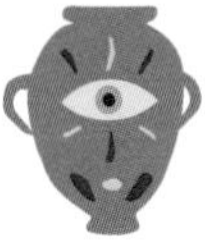

Con frecuencia, la presencia de Leo es evidente al instante, incluso desde el extremo opuesto de la sala y, sin duda, en cuanto abre la boca para hablar. Tiende a tener una personalidad expansiva y le gusta que se fijen en él y lo admiren, adoren y aprecien, por lo que con frecuencia actúa deliberadamente para llamar la atención de los demás y conseguirlo. Leo casi nunca es tímido ni ejerce de florero, pero junto a esta actitud exuberante y extrovertida coexisten un afecto y una lealtad muy reales hacia su familia y sus amigos. Hay pocas cosas que no haría por las personas a las que quiere y reparte con generosidad tanto su tiempo como regalos materiales.

Regido por el Sol, a Leo le gusta brillar en su mundo, ya sea grande o pequeño, e irradia la energía y la alegría de un día de verano. Con frecuencia, esa energía lo hace muy creativo, ya se trate en el mundo del arte o en el de los negocios. A veces aspira a dejar un legado y llega a querer quedar inmortalizado de algún modo mediante la creación de algo de valor duradero. Si se dice que alguien es un chico o chica «de oro» o que vive una «vida dorada», es muy probable que se trate de un Leo.

Leo es también un idealista con una visión muy potente y cuasi infantil, y una seguridad en sí mismo que cuesta derribar. Por difíciles que sean las circunstancias, Leo seguirá creyendo que todo ha de salir bien y que conseguirá que así sea, porque cree que le aguarda un destino positivo. En parte, esto explica por qué tiene éxito, aunque la otra cara de la moneda es que, en ocasiones, lo ciega ante lo mal que se pueda estar comportando para conseguir lo que se haya propuesto. Para el líder de la manada, el trabajo en equipo no siempre es una prioridad y ese puede ser su talón de Aquiles, porque, muchas veces, un ataque de orgullo precede a la caída en desgracia. Si tropieza, primero montará un pequeño escándalo, pero luego tiende a lamerse las heridas, recomponerse, quitarse el polvo y empezar de nuevo. Lección aprendida.

La naturaleza extrovertida de Leo lo convierte en el alma de la fiesta y puede llegar a extremos dramáticos y teatrales. A veces, en la vida cotidiana esto se transforma en conductas que pretenden llamar la atención y presumir, dos de las características menos atractivas de Leo. El orgullo es otra (como el orgulloso león) y puede convertir a Leo en su peor enemigo. Por suerte, su carácter alegre acostumbra a compensar estos defectos ocasionales e intenta arreglar las cosas con rapidez.

TEMPLAR EL FUEGO

Las características clave de cualquier signo Solar se pueden ver equilibradas (y en ocasiones reforzadas) por las características de otros signos en la misma carta astral, sobre todo los que corresponden al ascendente y a la Luna. Eso explica que pueda haber personas que aparentemente no acaban de encajar en su signo solar. Sin embargo, los rasgos Leo básicos siempre estarán ahí como una influencia clave e informando el modo de entender la vida de la persona.

La parte física de Leo

Incluso si se trata de un Leo de constitución pequeña, será exuberante y con una presencia física o manera de vestir atrevida y vistosa que, con frecuencia, llega a dar la impresión de que ocupa más espacio del que ocupa en realidad. Es posible que sea por su abundante cabello leonino, en aparente movimiento continuo, por sus gesticulaciones o por su manera de hablar, ostentosa y siempre en voz alta. Con frecuencia, Leo cree que está representando un papel, y su aspecto refleja esta idea. La apariencia física es muy importante para Leo e invierte un tiempo considerable en lograr la imagen que quiere que el mundo vea.

Salud

La espalda puede ser uno de los puntos débiles de Leo, con frecuencia porque tiende a arquearla, como preparándose para rugir. Además, tiende a hacer esfuerzos excesivos al tiempo que no es demasiado aficionado a hacer el ejercicio regular que necesitaría para reforzar los músculos que sostienen la columna. Por ese mismo motivo, el corazón es otro punto problemático, agravado por el estrés y los excesos con la comida y el alcohol. Leo tiende a lanzarse de cabeza a las situaciones y a caer, agotado, después. Por suerte, en el fondo es fuerte y se recupera con rapidez, aunque solo en raras ocasiones aprende a dosificarse y, por lo tanto, el ciclo se repite una y otra vez.

Ejercicio físico

Si alguien ha de tener un entrenador personal, ese es Leo, porque le gusta ser el centro de atención incluso cuando suda la gota gorda. El aspecto social de los gimnasios le resulta atractivo y le proporciona una especie de público ante el que llevar a cabo sus proezas. Sin embargo, nada garantiza que Leo acuda con regularidad. Es probable que haya algo que le interese mucho más en algún otro sitio.

Cómo se comunica Leo

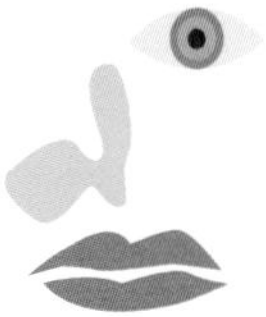

¡Soy Leo, oye mi rugido! Y sí, lo oiremos, con frecuencia antes incluso de que lo veamos, porque así es como Leo llama la atención. Puede hablar con exuberancia y es un buen narrador que sabe cómo explicar las historias de un modo emocionante para capturar la atención de su público. Y, en parte, esa es la clave para Leo, que se comunica con y para un público, aunque se trate de una sola persona. Para Leo también es importante que lo que diga merezca la pena ser dicho, ya se trate de una opinión sobre política o de cotilleos acerca de un programa de televisión. Tiene que valer la pena, porque entonces se siente validado. Esta necesidad de validación puede hacer que se muestre bastante beligerante en las discusiones, una situación en la que se encuentra con frecuencia porque le encanta debatir (y, por qué no decirlo, también el sonido de su propia voz).

La carrera profesional de Leo

Como era de esperar, Leo es un artista nato, por lo que actuar, cantar o bailar puede ser un modo de dar salida tanto a su creatividad como a su necesidad de tener un público. Haga lo que haga, tiende a esforzarse y a lograr el éxito, aunque también puede cambiar de carrera profesional a lo largo de su vida. Su habilidad para actuar puede llevarlo también a otras profesiones de cara al público, como la enseñanza, ya que a Leo le encanta compartir sus conocimientos con una generación más joven e incluso ejercer de mentor de las mentes más brillantes. También podemos verlo ejerciendo de abogado, organizando eventos corporativos o siendo relaciones públicas.

Tiene un talento empresarial nato y le gusta tener visión de conjunto y esforzarse para hacer realidad un sueño creativo, por lo que las industrias tecnológicas pueden resultarle atractivas. La valentía y la claridad de visión hacen de Leo un líder excelente y, como tiene el carisma necesario para inspirar a otros, acostumbra a ser muy efectivo como director ejecutivo de una empresa. Esa misma visión puede llevarlo al otro lado de la cámara, para dirigir a los actores en lugar de actuar y dar máxima expresión a su capacidad para narrar historias y comunicarlas a los demás.

La compatibilidad de Leo

Leo tiende a elegir parejas que lo hagan destacar de algún modo. Alguien que refleje su luz, amplifique sus cualidades y ejerza de público adorador. Para que la relación de pareja funcione, ha de templar esta manera ligeramente infantil de entender las relaciones con dosis de consideración y de objetividad y también se ha de comprometer con su pareja y con los deseos, sueños y necesidades de esta. Sí, es cierto que Leo exige mucha atención, pero se equivocará si elige a alguien que se deje dominar con facilidad, ya que se aburre con rapidez y espera que su pareja le plante cara. Dejando a un lado esta contradicción, Leo es, por naturaleza, una pareja cálida, afectuosa y comprometida (en ocasiones hasta parecer un gatito achuchable) cuando encuentra a alguien que le inspire, disfrute y tolere su naturaleza ligeramente exagerada y sea capaz de seguir el ritmo de su energía altamente creativa.

La mujer Leo

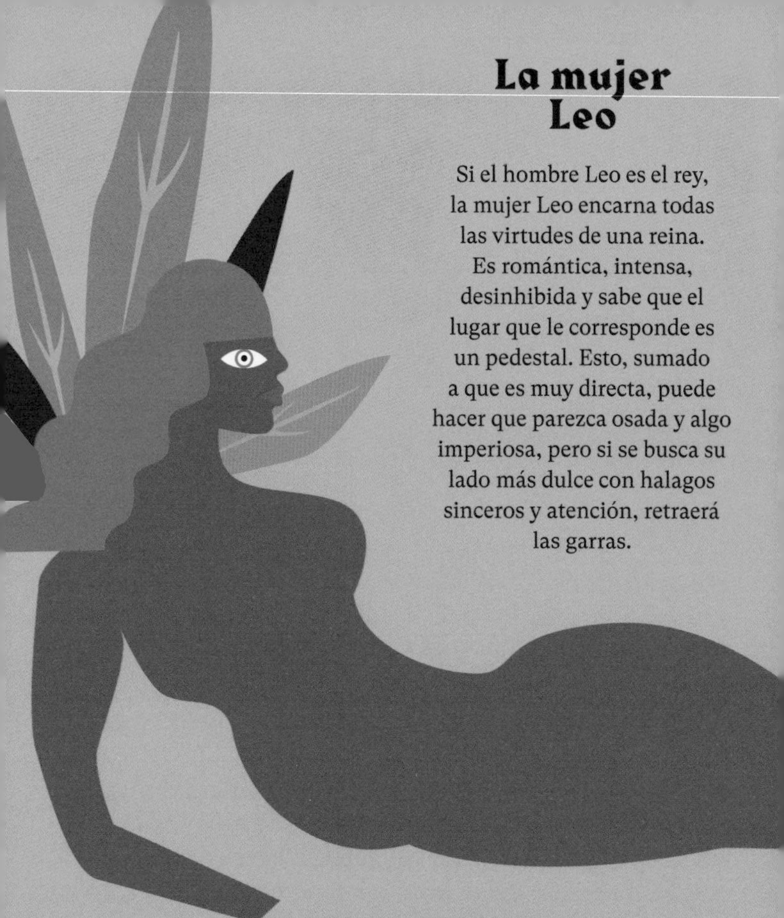

Si el hombre Leo es el rey, la mujer Leo encarna todas las virtudes de una reina. Es romántica, intensa, desinhibida y sabe que el lugar que le corresponde es un pedestal. Esto, sumado a que es muy directa, puede hacer que parezca osada y algo imperiosa, pero si se busca su lado más dulce con halagos sinceros y atención, retraerá las garras.

MUJERES LEO DESTACADAS

Madonna, independiente, decidida y, casi literalmente, directora de su propio espectáculo, es Leo, igual que otras reinas consagradas como Jennifer Lopez o estrellas emergentes como Úrsula Corberó y Meghan Markle, quien ha pasado a formar parte, literalmente, de la realeza. Madame du Barry, cortesana famosa y la reina de las amantes de Luis XV, era Leo, como también lo es la reina de la literatura J. K. Rowling, la reina del Camelot de John Fitzgerald Kennedy, Jacqueline Kennedy Onassis.

El hombre Leo

El hombre Leo es un coqueto nato de mirada inquieta y, en ocasiones, está tan ocupado representando su papel que apenas se da cuenta de que alguien le está haciendo ojitos. Al igual que el león, disfruta de la cacería y, cuando está interesado, lo hace evidente centrando toda su atención en su objetivo.

HOMBRES LEO DESTACADOS

El actor Antonio Banderas tiene todo el carisma que esperaríamos de un Leo y sabe cómo desenvolverse ante el público numeroso y lidiar con la multitud de un modo parecido como lo hace el cantante Mick Jagger o el piloto Fernando Alonso. Otros Leo son Barack Obama, cuya mirada directa y su carisma son evidentes, el actor Robert Redford y la estrella del baloncesto Magic Johnson.

¿Quién qui

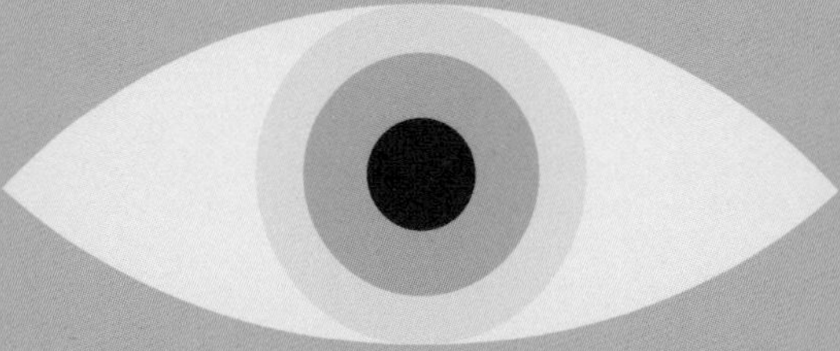

e a quién?

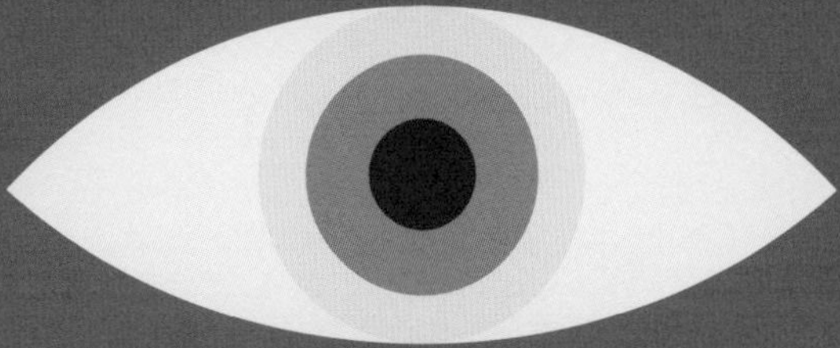

Leo y Aries

Diríamos que estos dos signos de fuego son la pareja ideal si no fuera por un pequeño detalle: sus egos igualmente grandes. Sin embargo, si son capaces de usar su conexión natural para superarlo, tanto en la cama como en el resto de lugares, la felicidad reinará en esta unión.

Leo y Tauro

Esta combinación puede ser complicada, debido al choque inmediato entre la exuberancia de Leo y la cautela natural de Tauro. Luego, la tozudez del toro, empeñado en hacer que el león ponga los pies en el suelo, puede hacer que ambos acaben hechos un mar de lágrimas. Demasiado complicado para la mayoría.

Leo y Géminis

La independencia, la alegría de vivir y el glamur caracterizan a esta pareja amante de la diversión y que puede tener dificultades para pasar de la cama al mundo real. Sin embargo, si el aéreo Géminis es capaz de comprometerse con la exigente manera de hacer de Leo, la relación puede funcionar bien.

Leo y Cáncer

Esta relación está dominada por el romanticismo y puede ser muy armoniosa, ya que la lealtad y la intensidad de Cáncer satisfacen con creces la necesidad de adoración de Leo. Sin embargo, Leo ha de recordar que la necesidad de reconocimiento público puede hacer que Cáncer se sienta inseguro.

Leo y Leo

Si estos dos grandes egos son capaces de superar su inclinación natural hacia la rivalidad, puede ser una relación emocionante e intensa, aunque tendrán que decidir quién manda, o turnarse. De otro modo, es muy probable que la pasión se apague.

Leo y Virgo

Es una combinación poco probable, porque la fría inteligencia de Virgo y su negativa a dejarse arrastrar por los planes especulativos pueden apagar la naturaleza exuberante de Leo, que, además, se siente desconcertado por la sutileza y la atención al detalle de Virgo, porque él es más de atender el interés general.

Leo y Libra

Ambos comparten el amor por la belleza y esa apreciación de lo estético hace que tengan muchas cosas en común. Además, la dominancia de Leo no irrita a Libra, que prefiere que sea otro el que tome las decisiones, tanto dentro como fuera del dormitorio.

Leo y Escorpio

En este caso, puede haber una colisión entre la actitud extrovertida y despreocupada de Leo y la tendencia de Leo a la intensidad y al secretismo. El choque de temperamentos básicos no resulta fácil de entender, ni de aplacar, para ninguno de los dos.

Leo y Sagitario

Ambos tienden a la libertad y a la aventura y reconocen en el otro un optimismo y una exuberancia que los une y los excita también en el dormitorio, donde sus naturalezas fogosas mantendrán encendida la llama de la pasión mucho más allá de su primera cita.

Leo y Acuario

A pesar de la atracción inicial, que puede llevarlos a la cama, Leo necesita un amante que, como mínimo, finja adorarlo. La volátil indiferencia de Acuario le causa perplejidad y, al final, se siente rechazado. Leo necesita ser necesitado... y Acuario no lo necesita.

Leo y Piscis

A Leo le cuesta gestionar la faceta mística de Piscis, completamente opuesta a su necesidad de relacionarse en un escenario público. Si no llegan a un acuerdo, la extroversión de Leo chocará con la necesidad de Piscis de una vida más contemplativa.

Leo y Capricornio

La actitud glamurosa de Leo y el enfoque más bien práctico de Capricornio no acaban de encajar, y el segundo parece desaprobar la manera de hacer del primero. Dadas sus posiciones de partida, tampoco son muy capaces de acordar un punto medio.

La escala del amor de Leo

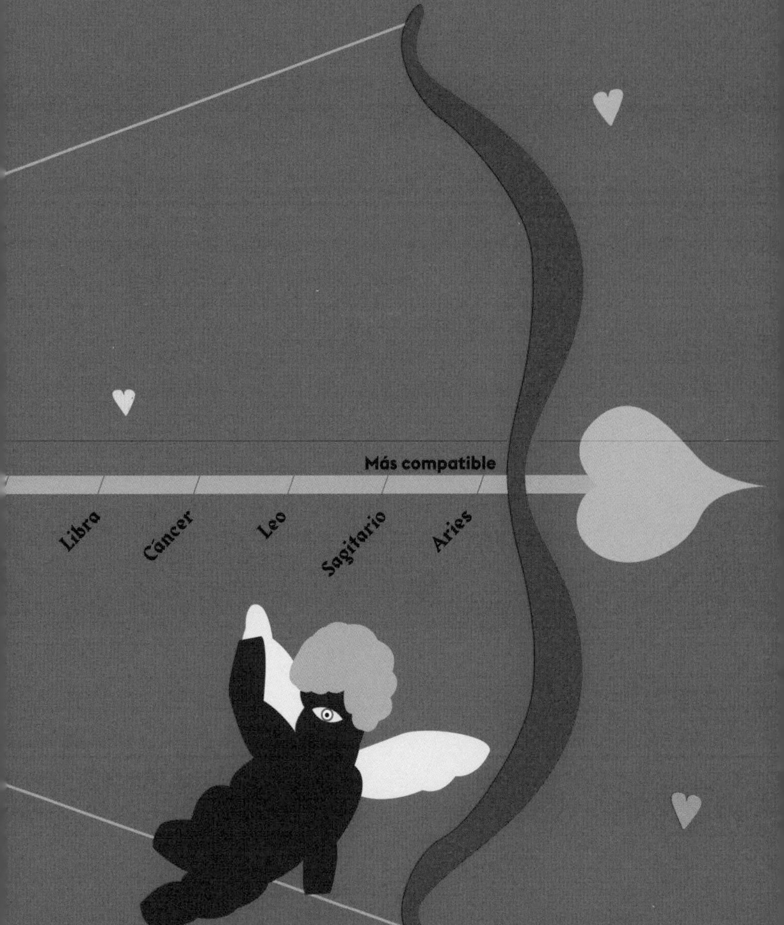
Más compatible
Libra
Cáncer
Leo
Sagitario
Aries

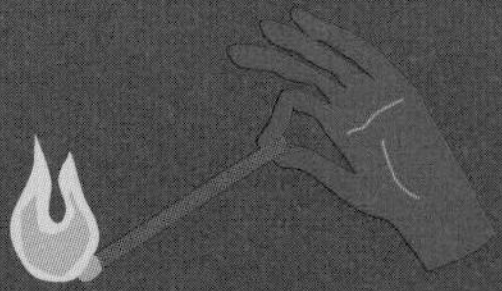

Leo

II.

en profundidad

En esta sección, profundizaremos en cómo puede estar impulsándote o reteniéndote tu signo solar y empezaremos a pensar en cómo puedes usar ese conocimiento para escoger tu camino.

El hogar de Leo

El hogar de Leo es su castillo, en ocasiones casi literalmente hablando. Le gusta la grandeza y hará de su casa un lugar tan lujoso como se pueda permitir. Y si eso incluye grifería de oro en el baño, mucho mejor. Es muy poco probable que Leo apueste por un minimalismo frío y su gusto en relación con la decoración de interiores tiene algo muy masculino y osado, con muchos colores vibrantes, tejidos suntuosos, cuadros grandes en las paredes y gruesos libros de arte lujosamente ilustrados. Todo en el hogar de Leo grita valiente y bello, no tímido y retraído. Idealmente, el palacio de Versalles refleja el estilo óptimo de Leo.

Cómo se adapte esta tendencia a entornos más comunes dependerá del Leo en cuestión, pero es probable que haya destellos de oro en marcos, candelabros, fundas de cojín de satén dorado o toques de naranja o amarillo intensos en telas y muebles. Es posible incluso que, en los meses fríos, aparezcan alfombras de piel, o de imitación, y una chimenea abierta que deja oír el rugir del fuego. Leo quiere transmitir que su hogar es su reino y que uno es bien recibido allí.

TRES CONSEJOS PARA CUIDARSE

- Dosifícate, no te comprometas a demasiadas cosas y reserva tiempo para ti.
- Las comidas regulares y nutritivas alimentarán la energía de Leo.
- Alterna el ejercicio físico de alto voltaje con la natación, que promueve la meditación y templará el fuego de Leo.

Cuidados personales

Para Leo, una buena primera medida para empezar a cuidarse sería pensárselo dos veces antes de aceptar todas y cada una de las invitaciones que recibe. Su actitud naturalmente energética puede llevarlo a asumir demasiada actividad y a comprometerse excesivamente tanto en su faceta profesional como en la personal, para acabar preguntándose cómo es posible que haya caído agotado. Si mantiene este ritmo tan elevado no es tanto por el miedo a perderse nada, sino por un entusiasmo desbocado y por la convicción de que hay que disfrutarlo y saborearlo todo.

Leo también tiende a sobrepasarse con la comida y la bebida, lo que, inevitablemente, hace que la cintura se expanda varios centímetros o causa resacas matutinas. A Leo le convendría cocinar, porque al menos así comería platos nutritivos. Por otro lado, cocinar podría ser una manera terapéutica de invertir el tiempo, porque lo obligaría a bajar el ritmo y a centrarse en una actividad creativa que puede tener un elemento social.

Hacer con regularidad algún tipo de ejercicio físico que lo ayude a relajarse también beneficiará al hiperactivo Leo. No un ejercicio físico de alto voltaje que aumente la liberación de adrenalina, sino algo más relajante que promueva tanto la salud física como la mental. Cuando empiece a notar los beneficios de, por ejemplo, acudir a dos clases de Pilates semanales y reconozca el valor de hacerlo, se comprometerá con ello con tanta fuerza como con todo lo demás.

TRES IMPRESCINDIBLES EN LA DESPENSA DE LEO

- Azafrán dorado de primera calidad.
- Latas de caviar, el «oro negro».
- Vinagre balsámico de Módena, tradicional y añejo.

Leo: la comida y la cocina

A Leo le gusta ser el rey en la cocina tanto como en cualquier otro lugar, por lo que cocinar se puede convertir en todo un evento donde el pinche siempre es bienvenido como cómplice, público y ayudante. Leo no cocinará salchichas y puré de patatas ni un simple huevo duro. Para Leo, una comida es una producción comparable a una representación de *Carmen* e incluirá tantos ingredientes exóticos y caros como le sea posible en un majestuoso buey Wellington. Es más, tampoco será un ligero almuerzo para dos, sino el segundo plato de una cena con veinte invitados, precedido por un consomé y seguido por profiteroles caseros. Ah, y no nos olvidemos de la tabla de quesos acompañada de un excelente vino de Oporto. ¿Te vas haciendo una idea? Nada será sencillo y todo se ejecutará con seguridad y osadía. Y, además de delicioso, será digno de un rey.

TRES CONSEJOS SOBRE EL DINERO

- Apuesta, pero antes busca consejo.
- Controla las compras impulsivas, aunque se trate de un exprimidor de limones de última generación.
- Sé generoso, no derrochador.

Cómo gestiona el dinero Leo

Seguramente fuera un Leo, cuyo amor por el lujo es célebre, quien dijo: «Siempre nos arrepentimos de nuestra tacañería, pero casi nunca de nuestros excesos». Las compras impulsivas son otra de las características de este signo, que tiende a vivir hoy y a dejar las preocupaciones para mañana. Además, suele elegir los regalos más caros, no solo para sí mismo, sino también para los demás, porque Leo puede ser muy generoso. Sin embargo, tal y como cabe imaginar, ahorrar para momentos difíciles no es una prioridad para él, que cree que el sol no dejará de brillar nunca. Por lo general tiene suerte con el dinero y tiende a ganarlo con facilidad gracias a su entusiasmo natural y a su dedicación al trabajo. Cuando se trata de inversiones o de planes de jubilación, acostumbra a interesarse por bienes como el oro, el vino caro y el arte. Objetos de lujo que maduran con el tiempo, más que acciones o ladrillo. Leo puede ser bastante creativo en relación con la planificación financiera y, normalmente, le sale bien.

Leo y su jefe

A Leo le encanta trabajar, así que acostumbra a ser bien recibido como empleado. Es energético, tiene buen carácter y, una vez se ha implicado en una tarea, es muy capaz de llevarla a término. Sin embargo, si su jefe es más bien discreto, es posible que Leo tenga que bajar la intensidad y pulsar el botón de pausa en su entusiasmo de vez en cuando, para escuchar sin interrumpir. Es posible que piense que ya sabe lo que ha de hacer, pero no debería dejar que la irritación por lo que considera normas arbitrarias le juegue malas pasadas.

Puede ser un perfeccionista, tiene dificultades con los trabajadores que no satisfacen sus criterios de excelencia y acostumbra a señalar sin dudar los fallos de los demás. Por lo general, le cuesta trabajar en equipo y eso puede causar problemas a su jefe, así que debe tener cuidado.

Cambia de trabajo con frecuencia, a veces para ascender, pero también porque necesita que el trabajo le resulte estimulante. Mientras está ahí, estará comprometido al cien por cien, pero es posible que no permanezca mucho más allá del tiempo que necesite para subir al siguiente peldaño de su carrera profesional.

TRES CONSEJOS PARA TRATAR AL JEFE

- «Vísteme despacio que tengo prisa» sería un buen lema para ti.
- Recuerda que tienes un jefe, así que comunícate con él aunque sea de vez en cuando.
- Felicita a tus compañeros cuando lo merezcan.

TRES CONSEJOS PARA UNA VIDA MÁS FÁCIL

* No esperes que te feliciten por cada tarea que hagas: limpiar el baño no es el trabajo de nadie, sencillamente hay que hacerlo.
* Deja la cocina como te ha gustado encontrarla.
* El único felpudo es el que hay ante la puerta de la entrada.

Vivir con Leo

La vida con Leo es de todo menos aburrida, excepto cuando duerme. En teoría, una vez te acostumbras a él resulta fácil vivir con este signo de buen carácter, porque parece que no hay demasiadas cosas que le molesten. Sin embargo, es él quien puede molestar a sus compañeros dejando un día tras otro la toalla del baño en el suelo o los platos sucios acumulados en el fregadero mientras sale corriendo a su siguiente aventura... o, sencillamente, intenta no llegar tarde al trabajo.

Establecer turnos para las tareas domésticas no funciona con Leo, porque el rey de la jungla tiene otras cosas en la cabeza y no deja que las minucias domésticas lo importunen. Sin embargo, la contradicción es que Leo quiere vivir en un entorno cuidado y no es perezoso por naturaleza. Lo que sucede es que prefiere que sea el otro el que se encargue del trabajo doméstico duro porque, francamente, cree que no es digno de él. Si alguno de los habitantes sugiere contratar a alguien para que limpie, puedes apostar a que habrá sido Leo.

Si Leo tiene problemas con sus compañeros de piso se lo hará saber, pero no suele ser rencoroso. Es un león rugidor pero poco mordedor y olvida rápidamente las discusiones.

Leo y las rupturas

La ruptura será inevitablemente dramática, ya que un león herido ruge con fuerza, ya sea porque se le ha clavado una espinita en la pata o porque ha sufrido una herida mortal. Otra de las reacciones posibles de Leo ante una ruptura es hacer caso omiso de ella: hace ver que todo va bien y que, de todos, modos, tampoco le importa mucho, aunque por dentro tenga el corazón hecho pedazos. Tanto si ruge como si sufre en silencio, intentara demostrar al mundo que no le importa nada lanzándose a la vida social con un ímpetu extravagante y agotador. Lo bueno de Leo es que su corazón se recupera con rapidez y no tardará mucho en volver a tener citas. Es magnánimo y espera poder ser amigo de sus ex en algún momento en el futuro.

TRES CONSEJOS PARA UNA RUPTURA MÁS FÁCIL

- No lo conviertas en un espectáculo: mostrarse «cansado y emocional» casi nunca ayuda.
- Confía en unos pocos buenos amigos.
- Espera un tiempo prudencial antes de intentar recuperar la amistad con un ex.

Cómo quiere Leo que le quieran

En pocas palabras: incondicionalmente y con adoración. Eso es lo que quiere cuando se trata de amor. A primera vista parece sencillo, pero Leo es más complicado de lo que aparenta y, además, también es uno de los signos más orgullosos del Zodíaco, algo que se puede convertir en un problema. De hecho, su aparente necesidad de adoración incondicional (así como su reacción cuando no la consigue) se puede deber a una profunda inseguridad oculta bajo una extroversión arrogante. Así que lo irónico es que, con frecuencia, su anhelo evidente de atención y apreciación se origina en la necesidad de validación externa. El hecho de que Leo considere poco atractivas la baja autoestima y la inseguridad en los demás nos da una pista, porque con frecuencia indica que él también tiene dificultades en ese terreno.

Debido a esta paradoja amar a Leo puede ser complicado y tarda más en comprometerse de lo que podría parecer a primera vista; en parte por la necesidad de estar seguro del otro, pero también porque necesita estar seguro de sí mismo. Si Leo tiene cierta reputación de tener aversión al compromiso, de pasar de una relación a otra o de mantener más de una al mismo tiempo, en realidad se puede deber a su incapacidad para creer que merece ser amado. Y, como desde fuera se le ve tan seguro de sí mismo, esta faceta queda oculta tras una actitud de indiferencia. En ocasiones, hay que ser muy paciente para ir derribando las barreras autoimpuestas que Leo ha levantado, pero no porque no sea capaz de amar, porque lo es, y mucho, una vez se siente seguro de verdad.

Leo quiere divertirse, divertirse y divertirse, por lo que hay que tratarlo con cuidado. No es dado a la introspección profunda de algunos de los signos de agua, y responderá bien a citas con actividades sencillas, ya se trate de una cena de lujo, de una película divertida en el cine, de jugar al Twister o a las adivinanzas. Leo valora la diversión casi tanto como un niño. Hacer cosas juntos y construir relaciones a partir de intereses y actividades (como escalar o bailar salsa) puede ser una manera fantástica de amar a Leo. Aunque si tenemos en cuenta todo esto da la impresión de que ser pareja de Leo es cosa de valientes, detrás de ese ego hay un amante afectuoso, cariñoso y leal. Recuerda que muchos leones se emparejan de por vida, por lo que a veces se dedican a jugar y a tener aventuras antes de hacerlo.

TRES CONSEJOS PARA AMAR A LEO

- Sé enérgico, porque Leo acostumbra a preferir las citas de alto voltaje.
- Leo necesita una persistencia afectuosa, porque no siempre está tan seguro de sí mismo como parece.
- Solo halagos sinceros, por favor. Leo detecta la falsedad a distancia.

La vida sexual de Leo

Para un signo sensual como Leo, el sexo es un placer que en ocasiones lo hace ronronear y en otras, rugir, y no hay mejor lugar por donde empezar que la espalda. Es una zona especialmente erógena para Leo y un masaje completo a lo largo de toda la columna hasta llegar a las nalgas será un punto de partida ideal. Leo también aborda esta faceta como una representación, pero es muy generoso y en el dormitorio le gusta dar tanto como recibir: forma parte de su magnanimidad regia. Parte de la sensualidad de Leo consiste en mirar, por lo que es poco probable que opte por la oscuridad completa, y le gusta oír lo bien que va todo, no solo con lenguaje explícito «durante», sino también con elogios «después». En resumen, para Leo hacer el amor es una actividad multifacética, y centra toda su atención en compartir una experiencia fantástica.

Aunque Leo es sexy, también entiende la importancia del romanticismo. Así que es muy posible que encienda velas y muy pocas veces se salta los preliminares. Es un signo aventurero y no le importa asumir cierto riesgo, así que el sexo al aire libre o en lugares inesperados puede estar en el menú. Lo que es seguro es que no se limitará al dormitorio. Con frecuencia también es divertido, porque es muy capaz de llevar a su pareja a la cama entre risas antes de que nadie se haya dado cuenta de lo serias que se están poniendo las cosas.

Quiero
III.

saber más

Tu signo solar nunca te ofrece la imagen completa. En este apartado, aprenderás a leer los matices de tu carta astral y accederás a otro nivel de conocimientos astrológicos.

Tu carta astral

Tu carta astral es una instantánea de un momento concreto, en un lugar concreto, en el preciso momento de tu nacimiento y, por lo tanto, es absolutamente individual. Es como un plano, un mapa o un certificado de existencia que plantea rasgos e influencias que son posibles, pero que no están escritos en piedra. Es una herramienta simbólica a la que puedes recurrir y que se basa en las posiciones de los planetas en el momento de tu nacimiento. Si no tienes acceso a un astrólogo, ahora cualquiera puede obtener su carta astral en línea en cuestión de minutos (en la p. 108 encontrarás una lista de sitios y de aplicaciones para ello). Incluso si desconoces la hora exacta de tu nacimiento, saber la fecha y el lugar de nacimiento basta para confeccionar las bases de una plantilla útil.

Recuerda que en astrología nada es intrínsecamente bueno ni malo y que no hay tiempos ni predicciones explícitas: se trata más de una cuestión de influencias y de cómo estas pueden afectarnos, ya sea positiva o negativamente. Y si disponemos de cierta información y de herramientas con las que abordar, ver o interpretar nuestras circunstancias y nuestro entorno, tenemos algo con lo que empezar.

Vale la pena que, cuando leas tu carta astral, entiendas todas las herramientas que la astrología pone a tu alcance; no solo los signos astrológicos y lo que cada uno de ellos representa, sino también los 10 planetas que menciona la astrología y sus características individuales, además de las 12 casas y lo que significan. Por separado, estas herramientas ofrecen un interés pasajero, pero cuando empieces a ver cómo encajan las unas con las otras y se yuxtaponen, la imagen global te resultará más accesible y empezarás a desentrañar información que te puede resultar muy útil.

Hablando en términos generales, cada uno de los planetas sugiere un tipo distinto de energía, los signos zodiacales proponen distintas maneras en que esa energía se puede manifestar y las casas representan áreas de experiencia en las que puede operar dicha manifestación.

Lo siguiente que debemos añadir son las posiciones de los signos en cuatro puntos clave: el ascendente y su opuesto, el descendente; y el medio cielo y su opuesto, el fondo del cielo, por no mencionar los distintos aspectos que generan las congregaciones de signos y planetas.

Ahora será posible ver lo sutil que puede llegar a ser la lectura de una carta astral, lo infinita que es su variedad y lo altamente específica que es para cada persona. Con esta información y una comprensión básica del significado simbólico y de las influencias de los signos, los planetas y las casas de tu perfil astrológico único, puedes empezar a usar estas herramientas para que te ayuden a tomar decisiones en distintos aspectos de la vida.

Cómo leer tu carta astral

Si ya tienes tu carta astral, ya sea manuscrita o por un programa en línea, verás un círculo dividido en 12 segmentos, con información agrupada en varios puntos que indican la posición de cada signo zodiacal, en qué segmento aparecen y hasta qué punto. Independientemente de las características relevantes para cada uno, todas las cartas siguen el mismo patrón a la hora de ser interpretadas.

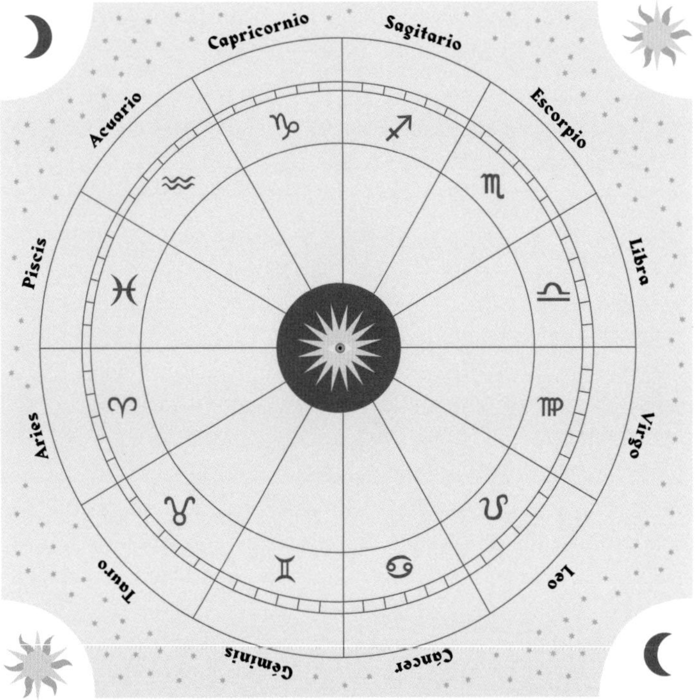

La carta astral se elabora a partir de la hora y el lugar de nacimiento y de la posición de los planetas en ese momento.

Si piensas en la carta astral como en una esfera de reloj, la primera casa (en las pp. 95-99 hablo de las casas astrológicas) empieza en el 9 y se sigue a partir de ahí en sentido antihorario, desde la primera casa hasta la duodécima, pasando por los 12 segmentos de la carta.

El punto inicial, el 9, es también el punto por el que el Sol sale en tu vida y te da el ascendente. Enfrente, en el 3 de la esfera del reloj, encontrarás el signo descendente. El medio cielo (MC) está en el 12 y su opuesto, el fondo del cielo (IC) está en el 6 (más información en las pp. 101-102).

Entender la importancia de las características de los signos zodiacales y de los planetas, de sus energías concretas, de sus ubicaciones y de sus relaciones entre ellos puede ayudarnos a entendernos mejor, tanto a nosotros mismos como a los demás. En nuestra vida cotidiana, la configuración cambiante de los planetas y de sus efectos también se entiende mucho mejor con un conocimiento básico de astrología y lo mismo sucede con las pautas recurrentes que unas veces refuerzan y otras entorpecen oportunidades y posibilidades. Si trabajamos con estas tendencias, en lugar de contra ellas, podemos hacer que nuestra vida sea más fácil y, en última instancia, más exitosa.

El efecto de la Luna

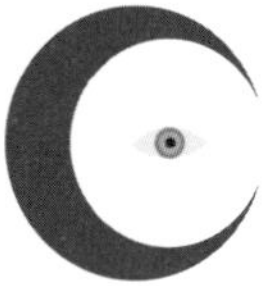

Si tu signo solar representa la conciencia, la fuerza vital y la voluntad individual, la Luna representa la faceta de tu personalidad que tiendes a mantener más oculta, o en secreto. Estamos en el territorio del instinto, de la creatividad y del inconsciente que, en ocasiones, nos llevan a lugares que nos cuesta entender. Esto es lo que otorga tanta sutileza y tantos matices a la personalidad, mucho más allá del signo solar. Es posible que tengas el Sol en Leo y todo lo que eso significa, pero eso puede verse contrarrestado por una Luna muy empática y emocional en Cáncer; o quizás tengas el Sol en el leal y terrenal Tauro, pero también la Luna en Acuario, con la rebeldía y el desapego emocional que eso supone.

Las fases de la Luna

La Luna orbita alrededor de la Tierra y tarda unos 28 días en dar una vuelta completa. Como vemos más o menos Luna en función de cuánta luz del Sol refleje, nos da la impresión de que crece y decrece. Cuando la Luna es nueva para nosotros, la vemos como un mero filamento. A medida que crece, refleja más luz y pasa de luna creciente a cuarto creciente y de ahí a luna gibosa creciente y a luna llena. Entonces, empieza a decrecer y pasa a gibosa menguante, luego a cuarto menguante, y vuelta a empezar. Todo esto sucede en el transcurso de cuatro semanas. Cuando tenemos dos Lunas llenas en un mes del calendario gregoriano, llamamos Luna azul a la segunda.

Cada mes, la Luna también recorre un signo astrológico, como sabemos por nuestras cartas astrales. Esto nos ofrece más información (una Luna en Escorpio puede ejercer un efecto muy distinto que una Luna en Capricornio) y, en función de nuestra carta astral, ejercerá una influencia distinta cada mes. Por ejemplo, si la Luna en tu carta astral está en Virgo, cuando la Luna astronómica entre en Virgo ejercerá una influencia adicional. Para más información, consulta las características de los signos (pp. 12-17).

El ciclo de la Luna tiene un efecto energético que podemos ver con claridad en las mareas oceánicas. Astrológicamente, como la Luna es un símbolo de fertilidad y, además, sintoniza con nuestra faceta psicológica más profunda, podemos usarla para centrarnos con mayor profundidad y creatividad en los aspectos de la vida que sean más importantes para nosotros.

Los eclipses

Hablando en términos generales, un eclipse ocurre cuando la luz de un cuerpo celeste queda tapada por otro. En términos astrológicos, esto dependerá de dónde estén el Sol y la Luna en relación con otros planetas en el momento del eclipse. Por lo tanto, si un eclipse solar está en la constelación de Géminis, ejercerá una influencia mayor sobre el Géminis zodiacal.

Que un área de nuestras vidas quede iluminada u oculta nos invita a que le prestemos atención. Los eclipses acostumbran a tener que ver con los principios y los finales y, por eso, nuestros antepasados los consideraban acontecimientos portentosos, señales importantes a las que había que hacer caso. Podemos saber con antelación cuándo ha de ocurrir un eclipse y están cartografiados astronómicamente; por lo tanto, podemos evaluar con antelación su significado astrológico y actuar en consecuencia.

Los 10 planetas

En términos astrológicos (no astronómicos, porque el Sol es en realidad una estrella), hablamos de 10 planetas y cada signo astrológico tiene un planeta regente. Mercurio, Venus y Marte rigen dos signos cada uno. Las características de cada planeta describen las influencias que pueden afectar a cada signo y toda esa información contribuye a la interpretación de la carta astral.

La Luna

Este signo es el principio opuesto del Sol, con el que forma una díada, y simboliza lo femenino, la contención y la receptividad, la conducta más instintiva y emotiva.

Rige el signo de Cáncer.

El Sol

El Sol representa lo masculino y simboliza la energía que da vida, lo que sugiere una energía paterna en la carta astral. También simboliza nuestra identidad, o ser esencial, y nuestro propósito vital.

Rige el signo de Leo.

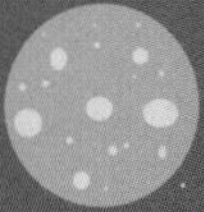

Mercurio

Mercurio es el planeta de la comunicación y simboliza la necesidad de dar sentido, entender y comunicar nuestros pensamientos mediante palabras.

Rige los signos de Géminis y Virgo.

Venus

El planeta del amor tiene que ver con la atracción, la conexión y el placer, y en la carta de una mujer simboliza su estilo de feminidad, mientras que en la de un hombre representa a su pareja ideal.

Rige los signos de Tauro y Libra.

Marte

Este planeta simboliza la energía pura (por algo Marte era el dios de la guerra), pero también nos dice en qué áreas podemos ser más asertivos o agresivos y asumir riesgos.

Rige los signos de Aries y Escorpio.

Saturno

En ocasiones, Saturno recibe el nombre de maestro sabio. Simboliza las lecciones aprendidas y las limitaciones, y nos muestra el valor de la determinación, la tenacidad y la fortaleza emocional.

Rige el signo de Capricornio.

Júpiter

Júpiter es el planeta más grande de nuestro sistema solar y simboliza la abundancia y la benevolencia, todo lo que es expansivo y jovial. Al igual que el signo que rige, también tiene que ver con alejarse de casa en viajes y misiones de exploración.

Rige el signo de Sagitario.

Urano

Este planeta simboliza lo inesperado, ideas nuevas e innovación, además de la necesidad de romper con lo viejo y recibir lo nuevo. Como inconveniente, puede indicar una dificultad para encajar y la sensación derivada de aislamiento.

Rige el signo de Acuario.

Plutón

Alineado con Hades (*Pluto*, en latín), el dios del inframundo o de la muerte, este planeta ejerce una fuerza muy potente que subyace a la superficie y que, en su forma más negativa, puede representar una conducta obsesiva y compulsiva.

Rige el signo de Escorpio.

Neptuno

Asociado al mar, trata de lo que hay bajo la superficie, bajo el agua y a tanta profundidad que no podemos verlo con claridad. Sensible, intuitivo y artístico, también simboliza la capacidad de amar incondicionalmente, de perdonar y olvidar.

Rige el signo de Piscis.

Los cuatro elementos

Si agrupamos los doce signos astrológicos según los cuatro elementos de tierra, fuego, aire y agua, accedemos a más información que, esta vez, nos remonta a la medicina de la antigua Grecia, cuando se creía que el cuerpo estaba compuesto por cuatro fluidos o «humores» corporales. Estos cuatro humores (sangre, bilis amarilla, bilis negra y flema) se correspondían con los cuatro temperamentos (sanguíneo, colérico, melancólico y flemático), las cuatro estaciones del año (primavera, verano, otoño e invierno) y los cuatro elementos (aire, fuego, tierra y agua).

Si las relacionamos con la astrología, estas cualidades simbólicas iluminan más las características de los distintos signos. Carl Jung también las usó en su psicología y aún decimos de las personas que son terrenales, ardientes, aéreas o escurridizas en su actitud ante la vida, mientas que a veces decimos que alguien «está en su elemento». En astrología, decimos que los signos solares que comparten un mismo elemento son afines, es decir, que se entienden bien.

Al igual que sucede con todos los aspectos de la astrología, siempre hay una cara y una cruz, y conocer la «cara oscura» nos puede ayudar a conocernos mejor y a determinar qué podemos hacer para mejorarla o equilibrarla, sobre todo en nuestras relaciones con los demás.

Aire

GÉMINIS ✱ LIBRA ✱ ACUARIO

Estos signos destacan en el terreno de las ideas. Son perceptivos, visionarios y capaces de ver la imagen general y cuentan con una cualidad muy reflexiva que los ayuda a destensar situaciones. Sin embargo, demasiado aire puede disipar las intenciones, por lo que Géminis puede ser indeciso, Libra tiende a sentarse a mirar desde la barrera y Acuario puede desentenderse de la situación.

Fuego

ARIES ✱ LEO ✱ SAGITARIO

Estos signos despiden calidez y energía y se caracterizan por una actitud positiva, una espontaneidad y un entusiasmo que pueden ser muy inspiradores y motivadores para los demás. La otra cara de la moneda es que Aries tiende a precipitarse, Leo puede necesitar ser el centro de atención y Sagitario puede tender a hablar mucho y actuar poco.

Tierra

TAURO ✱ VIRGO ✱ CAPRICORNIO

Estos signos se caracterizan por disfrutar de los placeres sensuales, como la comida y otras satisfacciones físicas, y les gusta tener los pies en el suelo, por lo que prefieren basar sus ideas en hechos. El inconveniente es que Tauro puede parecer testarudo, Virgo puede ser un tiquismiquis y Capricornio puede tender a un conservadurismo empedernido.

Agua

CÁNCER ✱ ESCORPIO ✱ PISCIS

Los signos de agua son muy sensibles al entorno, como el vaivén de la marea, y pueden ser muy perceptivos e intuitivos, a veces hasta niveles asombrosos, gracias a su sensibilidad. La otra cara de la moneda es que tienden a sentirse abrumados y Cáncer puede tender tanto a la tenacidad como a protegerse a sí mismo, Piscis parecerse a un camaleón en su manera de prestar atención y Escorpio ser impredecible e intenso.

Signos mutables, fijos y cardinales

Además de clasificarlos según los cuatro elementos, también podemos agrupar los signos en función de las tres maneras en las que sus energías pueden actuar o reaccionar. Así, las características específicas de cada signo adquieren más profundidad.

Cardinales

ARIES ✱ CÁNCER ✱ LIBRA ✱ CAPRICORNIO

Son signos de acción, con una energía que toma la iniciativa y hace que las cosas comiencen. Aries tiene la visión; Cáncer, la emoción; Libra, los contactos, y Capricornio, la estrategia.

Fijos

TAURO ✱ LEO ✱ ESCORPIO ✱ ACUARIO

Más lentos, pero también más tenaces, estos signos trabajan para desarrollar y mantener las iniciativas que han lanzado los signos cardinales. Tauro ofrece consuelo físico; Leo, lealtad; Escorpio, apoyo emocional, y Acuario, buenos consejos. Podemos confiar en los signos fijos, aunque tienden a resistirse al cambio.

Mutables

GÉMINIS ✱ VIRGO ✱ SAGITARIO ✱ PISCIS

Son signos capaces de amoldarse a ideas, lugares y personas nuevos, tienen una capacidad única para adaptarse a su entorno. Géminis tiene una gran agilidad mental; Virgo es práctico y versátil; Sagitario visualiza las posibilidades, y Piscis es sensible al cambio.

Las 12 casas

La carta astral se divide en 12 casas, que representan otras tantas áreas y funciones en la vida. Cuando nos dicen que tenemos algo en una casa específica, como por ejemplo Libra (equilibrio) en la quinta casa (creatividad y sexo), podemos interpretar de un modo determinado las influencias que pueden surgir y que son específicas a la forma en que podemos abordar ese aspecto de nuestra vida.

Cada casa se asocia a un signo solar y, por lo tanto, cada una representa algunas de las características de ese signo, del que decimos que es su regente natural.

Se considera que tres de estas casas son místicas y tienen que ver con nuestro mundo interior, o psíquico: la cuarta (hogar), la octava (muerte y regeneración) y la duodécima (secretos).

1.ª casa

LA IDENTIDAD

REGIDA POR ARIES

Esta casa simboliza la personalidad: tú, quién eres y cómo te representas, qué te gusta y qué no, y tu manera de entender la vida. También representa cómo te ves y lo que quieres de la vida.

2.ª casa

LOS RECURSOS

REGIDA POR TAURO

La segunda casa simboliza tus recursos personales, lo que posees, incluido el dinero, y cómo te ganas la vida y adquieres tus ingresos. También tu seguridad material y las cosas físicas que llevas contigo a medida que avanzas por la vida.

3.ª casa

LA COMUNICACIÓN

REGIDA POR GÉMINIS

Esta casa habla de la comunicación y de la actitud mental y, sobre todo, de cómo te expresas. También de cómo encajas en tu familia y de cómo te desplazas a la escuela o al trabajo e incluye cómo piensas, hablas, escribes y aprendes.

4.ª casa

EL HOGAR

REGIDA POR CÁNCER

Esta casa habla de tus raíces, de tu hogar u hogares presentes, pasados y futuros, por lo que comprende tanto tu infancia como tu situación doméstica actual. También de lo que el hogar y la seguridad representan para ti.

5.ª casa

LA CREATIVIDAD

REGIDA POR LEO

Descrita como la casa de la creatividad y del juego, también comprende el sexo y se asocia al instinto creativo y a la libido en todas sus manifestaciones. También incluye la especulación en las finanzas y el amor, los juegos, la diversión y el afecto: todo lo referente al corazón.

6.ª casa

LA SALUD

REGIDA POR VIRGO

Esta casa tiene que ver con la salud, la física y la mental, y lo sólidas que son: tanto las nuestras como las de las personas a las que queremos, cuidamos o apoyamos, desde familiares hasta compañeros de trabajo.

7.ª casa

LAS RELACIONES

REGIDA POR LIBRA

Esta casa, opuesta a la primera, refleja los objetivos compartidos y las relaciones íntimas, tu elección de pareja y lo exitosas que pueden ser las relaciones. También refleja las asociaciones y los adversarios en tu mundo profesional.

8.ª casa

LA REGENERACIÓN Y LA MUERTE

REGIDA POR ESCORPIO

Entiende «muerte» como regeneración o transformación espiritual: esta casa también representa los legados y lo que heredas después de la muerte, tanto en rasgos de personalidad como materialmente hablando. Y como la regeneración necesita sexo, esta casa también es la del sexo y las emociones sexuales.

9.ª casa

LOS VIAJES

REGIDA POR SAGITARIO

Esta es la casa de los viajes a larga distancia y de la exploración, así como de la apertura de mente que el viaje puede traer consigo y de cómo se expresa. También refleja la difusión de ideas, que puede traducirse en esfuerzos literarios o de publicación.

10.ª casa

LAS ASPIRACIONES

REGIDA POR CAPRICORNIO

Representa nuestras aspiraciones y nuestro estatus social, cuán arriba (o no) deseamos estar socialmente, nuestra vocación y nuestra imagen pública y lo que nos gustaría conseguir en la vida mediante nuestro propio esfuerzo.

11.ª casa

LAS AMISTADES

REGIDA POR ACUARIO

La undécima casa representa los grupos de amistades y de conocidos, la visión y las ideas. No trata de la gratificación inmediata, sino de los sueños a largo plazo y de cómo estos se pueden hacer realidad si somos capaces de trabajar en armonía con los demás.

12.ª casa

LOS SECRETOS

REGIDA POR PISCIS

Se la considera la casa más espiritual y es también la del inconsciente, los secretos y lo que puede estar oculto; es el metafórico esqueleto en el armario. También refleja las maneras encubiertas en que podemos sabotearnos a nosotros mismos y bloquear nuestro propio esfuerzo negándonos a explorarlo.

El ascendente

El ascendente es el signo del Zodíaco que aparece en el horizonte justo al alba del día en que nacemos y depende del lugar y de la hora de nacimiento. Por eso, cuando hablamos de astrología resulta útil conocer la hora de nacimiento, porque el ascendente ofrece mucha información acerca de los aspectos de tu personalidad que son más evidentes, de cómo te presentas y de cómo te perciben los demás. Por lo tanto, aunque tu signo solar sea Leo, si tienes ascendente Cáncer es posible que se te perciba como a una persona con instinto maternal, con un compromiso significativo con la vida doméstica, en un sentido o en otro. Conocer tu ascendente (o el de otra persona) te puede ayudar a entender por qué da la impresión de que no hay una relación directa entre la personalidad y el signo solar.

Si sabes la hora y el lugar en que naciste, calcular el ascendente con una herramienta en línea o una aplicación es muy fácil (p. 108). Pregúntale a tu madre o a algún familiar o consulta tu partida de nacimiento. Si la carta astral fuera una esfera de reloj, el ascendente estaría en el 9.

El descendente

El descendente nos da una indicación de un posible compañero de vida, a partir de la idea de que los opuestos se atraen. Una vez conocido el ascendente, calcular el descendente es muy sencillo, porque siempre está a seis signos de distancia. Así, si tu ascendente es Virgo, tu descendente es Piscis. Si la carta astral fuera una esfera de reloj, el descendente estaría en el 3.

El medio cielo (MC)

La carta astral también indica la posición del medio cielo (del latín *medium coeli*), que refleja tu actitud hacia el trabajo, la carrera profesional y tu situación profesional. Si la carta astral fuera una esfera de reloj, el MC estaría en el 12.

El fondo de cielo (IC)

Para terminar, el fondo de cielo (o IC, por el latín *imum coeli*, que alude a la parte inferior del cielo), refleja tu actitud hacia el hogar y la familia y también tiene que ver con el final de tu vida. Tu IC está enfrente de tu MC. Por ejemplo, si tu MC es Acuario, tu IC será Leo. Si la carta astral fuera una esfera de reloj, el IC estaría en el 6.

El retorno de Saturno

Saturno es uno de los planetas más lentos y tarda unos 28 años en completar su órbita alrededor del Sol y regresar al lugar que ocupaba cuando naciste. Este regreso puede durar entre dos y tres años y es muy evidente en el periodo previo al trigésimo y el sexagésimo aniversarios, a los que acostumbramos a considerar cumpleaños importantes.

Como en ocasiones la energía de Saturno puede resultar muy exigente, no siempre son periodos fáciles en la vida. Saturno es un maestro sabio o un supervisor estricto y algunos consideran que el efecto de Saturno es «cruel para ser amable», al igual que los buenos maestros, y nos mantiene en el camino como un entrenador personal riguroso.

Cada uno experimenta el retorno de Saturno en función de sus circunstancias personales, pero es un buen momento para recapacitar, abandonar lo que ya no nos sirve y reconsiderar nuestras expectativas, al tiempo que asumimos con firmeza qué nos gustaría añadir a nuestra vida. Por lo tanto, si estás pasando, o a punto de pasar, por este evento vital, recíbelo con los brazos abiertos y aprovéchalo, porque lo que aprendas ahora (acerca de ti mismo, fundamentalmente) te será muy útil, por turbulento que pueda llegar a ser, y puede rendir dividendos en cómo gestionas tu vida durante los próximos 28 años.

La retrogradación de Mercurio

Incluso las personas a quienes la astrología no interesa demasiado se dan cuenta de cuándo Mercurio se encuentra retrógrado. Astrológicamente, la retrogradación es un periodo en el que los planetas están estacionarios pero, como nosotros seguimos avanzando, da la impresión de que retroceden. Antes y después de cada retrogradación hay un periodo de sombra en el que podríamos decir que Mercurio ralentiza o acelera su movimiento y que también puede ser turbulento. En términos generales, se aconseja no tomar ninguna decisión relativa a la comunicación durante una retrogradación y, si se acaba tomando, hay que tener en cuenta que es muy posible que no sea la definitiva.

Como Mercurio es el planeta de la comunicación, es fácil entender por qué preocupa su retrogradación y la relación de esta con los fracasos comunicativos (ya sean del tipo más tradicional, como cuando enviábamos una carta y se perdía, o la variedad más moderna, como cuando el ordenador se cuelga y nos causa problemas).

La retrogradación de Mercurio también puede afectar a los viajes, por ejemplo con retrasos en los vuelos o los trenes, atascos de tráfico o accidentes. Mercurio también influye en las comunicaciones personales –escuchar, hablar, ser escuchado (o no)– y puede provocar confusión y discusiones. También pude afectar a acuerdos más formales, como contratos de compraventa.

Estos periodos retrógrados ocurren tres o cuatro veces al año y duran unas tres semanas, con un periodo de sombra antes y después. En función de cuándo sucedan, coincidirán con un signo astrológico específico. Si, por ejemplo, ocurre entre el 25 de octubre y el 15 de noviembre, su efecto tendrá que ver con las características de Escorpio. Por otro lado, las personas cuyo signo solar sea Escorpio o que tengan a Escorpio en lugares importantes de su carta, experimentarán un efecto más intenso.

Es fácil encontrar las fechas de retrogradación de Mercurio en tablas astrológicas, o efemérides, y en línea: se pueden usar para evitar planificar en esas fechas eventos que se pudieran ver afectados. Para saber cómo la retrogradación de Mercurio te puede afectar más personalmente, necesitas conocer bien tu carta astral y entender las combinaciones más específicas de los signos y los planetas en la misma.

Si quieres superar con más tranquilidad una retrogradación de Mercurio, has de tener presente la probabilidad de que surjan problemas, así que, en lo posible, prevé que habrá algún retraso y comprueba los detalles un par de veces o tres. No pierdas la actitud positiva si algo que esperabas se pospone y entiende este periodo como una oportunidad para hacer una pausa, repasar y reconsiderar ideas tanto en tu vida personal como en la profesional. Aprovecha el tiempo para corregir errores o reajustar planes, para estar preparado cuando la energía se desbloquee y todo pueda fluir con más facilidad.

Sitios web en español

carta-natal.es

cosmograma.com

horoscoponegro.com

Sitios web en inglés

astro.com

astrologyzone.com

Aplicaciones (en inglés)

Co-Star

Astrostyle

The Daily Horoscope

The Pattern

Agradecimientos

Quiero transmitir un agradecimiento especial a mi fiel equipo de Tauros. En primer lugar, a Kate Pollard, por su pasión por los libros maravillosos y por haber encargado esta colección. Y a Bex Fitzsimons, por su edición tan benévola como meticulosa. Y, finalmente, a Evi O. Studio, cuyo talento dibujando e ilustrando han producido estas pequeñas obras de arte. Con un equipo tan lleno de estrellas, estos libros no pueden más que brillar.
Y os doy las gracias por eso.

Acerca de la autora

Stella Andromeda estudia astrología desde hace más de treinta años y está convencida de la utilidad de conocer las constelaciones celestes y sus posibles interpretaciones psicológicas. La traducción de sus estudios en libros ofrece una visión moderna y accesible de la antigua sabiduría de las estrellas, que transmite su firme convicción de que la reflexión y el autoconocimiento nos hacen más fuertes. Con su sol en Tauro, ascendente Acuario y Luna en Cáncer, utiliza la tierra, el aire y el agua para inspirar su viaje astrológico personal.

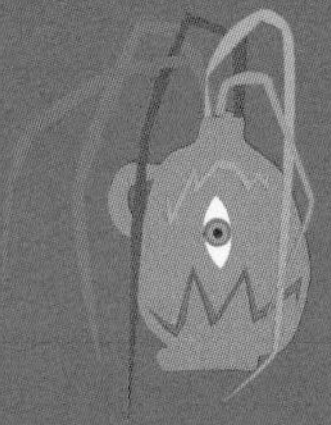

La edición original de esta obra ha sido publicada en
el Reino Unido en 2019 por Hardie Grant Books, sello editorial
de Hardie Grant Publishing, con el título

Leo: A Guide To Living Your Best Astrological Life

Traducción del inglés
Montserrat Asensio

Diagonal, 402 – 08037 Barcelona
www.cincotintas.com

Primera edición: *febrero de 2020*
Quinta edición: *diciembre de 2022*

Impreso en España por Agpograf Impressors, S.A.
Depósito legal: B 15517-2021
Código Thema: VXFAI (Signos del zodíaco y horóscopos)

ISBN 978-84-16407-75-0